Carpe diem -
vertraue deinem Herzen

Spotlight V

Text und Bilder

von

Beate Hefler

**Das Buch:**
Worauf wir unseren Spot, also unser Licht werfen, dahin fällt unser Fokus.
Spotlight V lädt uns mit „Carpe diem" ein, den Tag zu nutzen.
Unser Leben ist eine Aneinanderreihung von verschiedenfarbigen Tagen.

Ich wünsche Ihnen viel Freude und Genuss beim Pflücken eines jeden Tages.

**Die Autorin:**
Seit 2005 bin ich als freischaffende Künstlerin und Autorin tätig.
Weitere Informationen finden Sie unter:
www.beate-hefler.de

Carpe diem -
vertraue deinem Herzen
Spotlight V
Text und Bilder
von
Beate Hefler

Bibliografische Information der Deutschen Nationalbibliothek

Die Deutsche Nationalbibliothek verzeichnet diese Publikation in der Deutschen Nationalbibliografie; detaillierte bibliografische Daten sind im Internet über http://dnb.d-nb.de abrufbar.

**Impressum**

Text Copyright © 2017 Beate Hefler

Fotos Copyright © 2017 Beate Hefler

Herstellung und Verlag: BoD – Books on Demand, Norderstedt

ISBN 978-3-7431-8216-5

Carpe diem
folge dem Impuls
pflücke den Moment.

Deine Seele ist dein Kompass
auf deinem Herzensweg.

Augenblick für Augenblick
lädt sie dich ein, DU zu sein.
Du bist ein wertvoller Teil
allen Seins.

Moment für Moment
bringst du dich ein.

Vertraue deiner Seele
von einem Jetzt zum nächsten Jetzt.

Sei ganz das DU, was DU bist
und genieße deinen Lebensweg.

Tropfen für Tropfen
verschenkt sich der Regen
an den Ozean der ihn
herzlich umarmt.

Trau dich,
dir und dem Strom des Lebens
zu vertrauen.

Gib dich mit ganzem Herzen
frei von Angst und Erwartungen hin -
an den Moment
und der Strom des Lebens
wird dich beschenken
mit neuen und unerwarteten
Gaben.

Nutze den Moment -
ist eine Einladung an dich,
dir und dem Leben
stets staunend und neugierig,
ganz frei von Erwartungen
zu begegnen.

So entdeckst du dich
unendlich neu.

Wie ein Maler sich
ganz auf die leere Leinwand einlässt,
versunken in Raum und Zeit,
bewegt er sich mit seinem Pinsel
durch die Farbenfülle.

Er folgt der unsichtbaren Spur,
der einzigartigen, neuen Gestalt,
die sich entwickelt
im Hier und Jetzt.

Carpe diem!
Ich bin -
von Moment zu Moment.

Zutiefst verankert fühlen,
dass ich geliebt und beschützt bin.

In dieser Gewissheit
gehe ich meinen Weg
und weiß
Schritt für Schritt,
dass jeder genau der Stimmige ist,
auch wenn ich
den übernächsten Schritt
im Augenblick
nicht kenne.

Keinen Punkt für Punkt Plan haben,
heißt nicht planlos zu sein,
sondern ist die Hingabe
ans Jetzt.

Vielfältig ist die Welt der Gräser.

Eine Gans allein - wirkt ganz klein.

Eine Gans, ein Gras und ein Schilf
harmonieren sehr
und es fällt ihnen gar nicht schwer.

Ein Mensch geht Schritt um Schritt
mit festem Tritt im Reiche der Natur
und staunt über solchen Frieden nur.

Schweift dein Auge über saftigem Gras
und sieht dann was?

Eine Gans, ein Gras und ein Schilf
verbunden per Natur
so bist du dem Leben auf der Spur.

Verbunden ist dein Herz
im Hier und Jetzt.
Eine Gans, ein Gras, ein Schilf und ein Mensch.

Wanderer zwischen Zeit und Raum,
eine Änderung stört dich kaum.

Verstellt ein Zaun deinen Schritt,
dann fragst du, was ist der Wink dahinter.

Nicht irren in Wirren.
Sondern sein - da wo du bist.

Staunen in der Wende -
über deine Möglichkeiten am Ende.

Ein Gänseblümchen mit halbseitiger Frisur
lächelt in der Wiese nur,
was sollt es sich verdrießen,
wenn plötzlich nicht mehr alle Blätter
gleichmäßig sprießen?

Augen auf und Augen zu -
herrscht in deinen Gedanken Ruh!
Jetzt - bist du!

Carpe diem strahlt die Morgensonne.
Noch etwas verschlafen
blinzeln ihre ersten, zarten Strahlen
am Horizont bis sie als glühender Ball
den Tag begrüßt und sich über die Welt ergießt.

Sie kitzelt die kleine Feder im See.

Sie färbt die Tomate am Strauch
und die Sonnenbadenden am Bauch.

Sie ergießt sich über die Enten beim morgendlichen Bad
und über den Wanderer am Wiesenpfad.

Welchem Moment wirst du dich heute
ganz und gar hingeben -
und so erfahren, jede Menge Leben?

lachen – fühlen - sein
Die Erde ist rund und so bunt!

Schöpfung geschieht im Jetzt.

Ein kleiner Punkt reiht sich
fraglos an den nächsten Punkt.
Punkt an Punkt gereiht
lächelt am Ende
die neugeborene Linie.

Das reine Potenzial
liegt in jedem unserer Atemzüge.
Es lässt sich geduldig
und frei von jeglicher Wertung
durch unsere Gedanken
und unsere Taten formen.

Neukreationen und tägliches Allerlei.

Manch Gedanke gesponnen,
ist im Nu zerronnen.
So hat deine Entwicklung begonnen.

Nütze den Tag
von Moment zu Moment.

Jeder Tag ist ein kleines Leben
mit so vielen Möglichkeiten.

Lebe deinen Tag wie ein Wellenreiter.
Der Wellenreiter schaut auf das Meer,
Wellen bauen sich auf,
um dann am Strand zu brechen.

Der Surfer bringt seinen Rhythmus
mit dem Rhythmus in Einklang.
So verbunden paddelt er zur rechten Zeit
mit seinem Brett in das Meer,
um dann auf dem Wellenkamm
an den Strand zu reiten.

Verbinde dein Herz mit
dem Rhythmus des Moments
und lass dich den Tag ganz erleben
von Moment zu Moment.

In jedem Frühjahr erfreut uns
das Blütenfeuerwerk - jede Blüte
ist ein Individuum - pralles Leben.

Du bist ein so einzigartiges Geschenk für die Welt.
Niemand hat deine Sicht auf das Leben.

Trau dich wie die Blüte -
dich jeden Augenblick zu verschenken.
Moment für Moment -
immer wieder neu -
aus reiner Lebensfreude.

Deine Gefühle, dein Lachen, dein Sein
sind eine herrlich duftende Blüte,
lass dich auf den Lebenstanz ein.

Das Sein wird dich inspirieren
und unterstützen
einfach nur so,
weil es deine Freude und Dankbarkeit fühlt -
die eine Blüte am Baum zu sein.

Manchmal gehen wir nebeneinander her
und sehen uns gar nicht mehr.

Jeder Moment ist immer neu -
sei dir selber treu.
Du wächst und veränderst dich
wie ein Baum -
trau dich und lebe deinen Traum.

Heute bist du so und morgen so.
Dein Leben ist eine Entdeckungsreise.
Du erkennst immer mehr,
wer du bist.
Der, der du heute bist,
ist morgen schon wieder anders.

Leben im Moment
ist so flexibel wie der Strom
des Lebens selbst.

Momente sind so bunt wie Perlen -
trau dich sie zu fühlen.

Carpe diem - leben im Jetzt
aus reiner Freude am
Werden und Sein.

Das Leben ist ein Tanz
mit so vielen verschiedenen Rhythmen,
lässt du dich auf die Musik ein.

Du begegnest dir
in dem Menschen gegenüber
und wächst über dich hinaus.

Es ist so spannend
sich immer wieder neu zu erfinden.

Es ist so bunt zu erblühen
mit deinen einzigartigen Talenten
zu dem was du bist -
ein Individuum auf Reise
zwischen Zeit und Raum.
Ein einzigartiger Ausdruck
der Schöpfung.

Folge deiner Melodie
sie schwingt und klingt so einzigartig.

Jedes Lebewesen auf der Welt
hat einen einmaligen Klang.

Begegnen wir einander
so schwingen wir in Resonanz.

Achtsam, bewusst, lauschend
bringst du dich ein
in das Seelenlied der Schöpfung.

Übersprudelnd
ist die Freude ein Instrument
im Konzert des Seins zu sein.

stakkato – legato
forte - pianissimo
stetig
ich und du im Wechselspiel
Partitur * All-eins

Mein Gedankenkarussell dreht sich
stetig im Kreis ohne Leichtigkeit.

Die Freude wohnt in meinem Herzen.
Sie erblüht wie die schönste Blume,
wenn ich meine Aufmerksamkeit
auf den Brennpunkt des Moments bündle,
dann wird das Lebensfeuer
der Begeisterung entfacht.

In diesem Moment
lächelt mich das Leben an
und ich bemerke es
- endlich -
und ich lache
aus vollem Herzen zurück.

In diesem Augenblick
fühle ich mich
so grenzenlos beschenkt.

Ich stehe mit beiden Beinen
fest auf der Mutter Erde.

Mein Blick ist offen und frei.
Sanft blicke ich von meinem Standpunkt
auf meine Umgebung
und bin schon gespannt
was mich das Leben heute lehrt.

Wer wird mir heute begegnen?
Ein Blick, ein Lächeln oder ein Wort.

Flüchtige Begegnungen
sind Erfahrungen
von Augenblick zu Augenblick
Momentaufnahmen aneinandergereiht
ergeben meinen Lebensfilm
angefüllt mit Wundern und Geschenken
der Freude und Fülle.

Das Leben ist ein bunter Ort,
wehen deine schweren Gedanken fort.
Dann ist die Welt ein weiter Ort.
Möglichkeiten ohne Zahl
und du hast die Wahl.

Die Sonne leuchtet der kleinsten Blume
genauso strahlend zu, wie dem ältesten Baum,
darum lebe deinen Traum.

Das Leben ist für dich
und lädt dich ein du selbst zu sein.

Es beginnt eine spannende Reise
jeden Tag ein Abenteuer.

Du erfindest dich von Moment zu Moment
immer wieder neu
und bleibst so deiner Seele treu.

Gib deinen Gefühlen Raum
und wage deinen Traum.

## Meine bereits veröffentlichten Bücher

  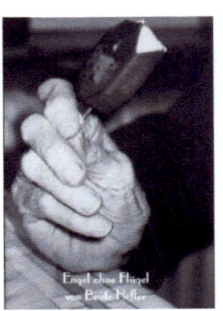

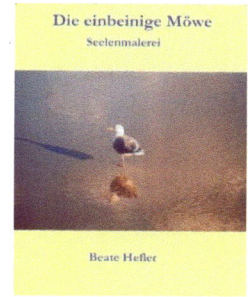

Mehr Informationen unter:
www.beate-hefler.de